27

L n 12731.
C.

# LETTRE

## DE

## Mr. LINGUET

### A Mr. LE COMTE

## DE VERGENNES,

### MINISTRE DES AFFAIRES ÉTRANGÈRES EN FRANCE.

—————— Infula portum

Efficit ——————

VIRGIL.

## LONDRES.

M. DCC. LXXVII.

# AVERTISSEMENT.

**L** E s lettres à un ministre congédié, qu'on lit dans ma *Requête en cassation* de l'année dernière, ont été bien réellement envoyées manuscrites. Elles n'étaient pas destinées à voir le jour. Je ne les ai tirées entières de l'obscurité que quand Mr. le duc *d'Aiguillon* s'est permis d'en extraire & d'en altérer des morceaux pour me nuire; quand armé de cette étrange ressource, il est venu dire à mes ennemis désespérés de la justice que le *parlement* m'avait d'abord rendue: *Que me donnerez-vous, & je vous le livrerai;* quand on a vu un *duc & pair de France* continuer à vérifier ce que je disais dans ces lettres, & renouveller aux yeux de *l'Europe* l'exemple, resté sans imitateurs depuis les proscriptions de l'ancienne *Rome*, d'un avocat assassiné par son client, après le succès. [a] (1)

[a] Voyez les notes à la fin.

A ij

Celle-ci avait été écrite dans la même intention; mais en la relifant, au moment de
la mettre à la pofte, il m'a paru plus fûr, plus
raifonnable, de ne l'envoyer qu'imprimée.
Voici quelques-unes des raifons qui m'ont décidé.

Un homme public, auffi publiquement,
auffi indignement opprimé, que je le fuis depuis trois ans, réduit à prendre enfin pour fa
fureté perfonnelle la réfolution extrême de
s'expatrier, doit compte au public de fes motifs; il doit les citer *à ce tribunal indépendant
de toutes les puiffances, & que toutes les puiffances refpectent; à ce tribunal, juge fouverain
de tous les juges de la terre; à ce tribunal à
qui l'on parle par la voye de l'impreffion,* comme
l'a dit dans un difcours d'appareil un des plus
vertueux, & par conféquent des plus inutiles
miniftres qui ait exifté. (2)

Cette précaution lui eft néceffaire, non
feulement pour conferver l'eftime de fes compatriotes, de qui il eft forcé de fe féparer,

mais pour acquérir celle des étrangers, à qui il demande un azile. Tout homme qui quitte sa patrie, est dans le premier moment, suspect avec raison. Les hôtes, qu'il semble préférer aux frères que la nature lui a donnés, ont droit de se défier de lui, jusqu'à ce que le développement de ses motifs devienne à leurs yeux un titre pour l'adoption qu'il sollicite.

Il m'importe d'apprendre aux *Anglais* en arrivant chez eux, que je n'y suis conduit, ni par la cupidité qui corrompt les âmes, ni par le besoin qui les énerve. Garanti de l'une par mon caractère, & de l'autre par l'habitude, prise de bonne heure, de vivre avec peu, je suis au-dessus de l'espérance comme de la crainte. Je ne cherche, dans cette isle superbe, que la liberté. J'ai cru long-tems qu'elle n'y existait pas plus que dans le reste de *l'Europe* ( 3 ); je souhaite d'être désabusé : l'expérience va m'apprendre si je me suis trompé dans mes raisonnemens, & la lecture de cette lettre commencera à faire connaître aux *Anglais* l'homme, singulier peut être, mais bien

A iij

fiérement irréprochable, qui attend d'eux l'hof-
pitalité.

Une autre raifon pour ne faire parvenir ma
lettre à *Verfailles*, qu'après en avoir multi-
plié les copies, c'eft la facilité qu'ont en *France* les hommes en place de calomnier, de dès-
honorer, de perdre les hommes obfcurs, fur
des piéces fecrettes dont perfonne n'a la com-
munication; facilité dont ils ufent, & que
l'indifcrétion du public, jointe à fa crédulité,
rend vraiment terrible.

J'en ai fait l'épreuve plus d'une fois (4). Je
ne veux pas qu'il en foit de même dans cette
occafion-ci. Les lecteurs auront jugé ma lettre,
avant que les miniftres ayent eu le tems de la
calomnier.

Enfin quoique, depuis quatre ans, je ne
ceffe de demander juftice & d'effuyer des refus, quoique j'aye trop éprouvé l'inutilité
des remontrances, fur-tout quand elles ne font
pas baffes, & que celui qui les fait a le malheur

d'avoir raifon , quoique la furdité des auditeurs étant , dans ce cas , toujours propor-
tionnée à leurs torts , & l'une devenant in-
vincible, en raifon de ce que les autres font
irréparables , je ne doive rien attendre de la
vérité le plus évidemment démontrée en ma
faveur , je n'ai pu cependant me refufer à un
dernier effort, pour fauver au gouvernement
de ma patrie la honte d'avoir participé trop
long-tems à des iniquités. Mes perfécuteurs
pourront étouffer ou braver le cri des honnêtes gens ; mais ils ne pourront pas les tromper.

Si le roi , inftruit par les plaintes même de
fes miniftres , qui ne manqueront pas de fe
dire outragés , de l'exiftence des miennes ,
veut enfin en approfondir l'objet ; il fe trouvera peut-être, auprès du trône, quelque main
affez courageufe pour remettre fous fes yeux
ce tableau qui en contient l'abrégé, pour dé-
pofer à fes pieds l'offre que je trace ici , & que
je fuis prêt à figner de mon fang, à réalifer
au péril de ma vie.

Qu'un tribunal intégre, des juges impartiaux prennent enfin connaiſſance de mes répétitions, qu'ils vérifient les faits, qu'ils faſſent entrer dans cet examen redoutable toutes les actions de ma vie, ſans en excepter une ſeule, même cette lettre-ci ; qu'ils jurent de prononcer, non pas ſeulement d'après les loix les plus ſévéres, mais d'après les ſimples régles de l'honneur, de la délicateſſe, & que la moindre infraction ſoit punie par la peine la plus rigoureuſe : je vole me ſoumettre à leur déciſion. Je me lie à cet engagement par ce qu'il y a de plus ſacré.

S'il n'était que manuſcrit, il reſterait enſéveli dans le bureau de mes ennemis qu'il fera pâlir ; par l'impreſſion je le rends authentique. S'ils ſouffrent qu'il reſte ſans exécution, leur iniquité ſera, par cela ſeul, démontrée & avouée.

Au reſte, les indignités que je ſouffre, ſurtout depuis quatre ans, ſont connues en *France* : elles ne le ſont pas en *Angleterre*. Je dois aux lecteurs *Anglais*, que je prends pour juges, de les inftruire, au moins en abrégé, de quelques uns des détails qui ont précédé cette lettre, & qui la motivent.

En 1765, à 28 ans, j'ai pour mon malheur, penfé à m'attacher au barreau de *Paris*.

En 1766, cinq jeunes gens d'Abbeville ont été accufés d'impiété, avec des circonftances dont l'atrocité pouvait feule égaler le ridicule. Le parlement de *Paris* en a condamné deux à avoir la langue arrachée, la tête coupée, & enfuite à être jettés au feu. La hâche fe levait, & le bucher s'allumait pour les trois autres, au fupplice de qui l'on n'avait fait que furfeoir. J'ai entrepris leur défenfe; ils ont été abfous [*b*].

[*b*] L'hiftoire de ce procès fera le premier volume de la collection de mes ouvrages, que je vais publier. Il y a peu d'exemples auffi effrayans de la malignité & de la corruption des hommes, fur-tout des hommes de robe. La roue de *Calas* n'eft rien auprès du bucher du chevalier de la *Barre*.

La même femaine de ce fuccès, & à l'occafion du mémoire qui l'avait procuré, les
*Avocats* de *Paris* fe font affemblés; ils ont ar-
rêté de ne jamais m'infcrire fur leur lifte qu'ils
appellent *tableau*.

Cependant, au moins pour cette fois,
le cri des honnêtes gens à prévalu, même
parmi les *avocats;* j'ai été infcrit fur leur *tableau.*

En 1770, Mr. le duc *d'Aiguillon* m'a chargé
de fa défenfe. J'ai fait pour lui des mémoires
qui ont reçu quelque accueil du public im-
partial [c]. Le parlement de *Rennes* les a fait
bruler par la main du bourreau. Cette horreur
burlefque ne nuifant ni à l'ouvrage, ni à l'auteur, les *avocats* de *Paris* ont propofé de me
*rayer de leur tableau.*

[c] Ces mémoires, avec l'hiftoire de ce qui s'eft paffé
depuis entre M. le duc d'*Aiguillon* & moi, feront le fecond & le troifième volume de la collection de mes ouvrages.

En 1771 , eft arrivé la grande révolution de la robe : j'ai plaidé au *Parlement* naiffant ; j'y ai défendu plufieurs caufes, entre autres, celle de la duch. de *Bombelles*, où je foutenais que les *proteftans* ont droit en *France*, au moins à un *Etat civil*, & qu'il eft affreux de condamner à la *Bâtardife* des enfans nés fur la foi des engagemens fcellés par la confiance & la vertu [*d*]. Ces caufes étaient honorées d'un concours prodigieux d'auditeurs. Les avocats ont commencé à publier que j'attaquais les loix du royaume, & que d'ailleurs je plaidais *trop chaudement*. Ils fe font affemblés pour me *rayer de leur tableau*.

En 1772, le comte de *Morangiés* m'a confié fes intéréts : il avait contre lui une cabale furieufe [*e*]. Il m'a fallu pour empêcher la juf-

[*d*] Ces mémoires & plaidoyers avec une hiftoire abrégée & philofophique du *Proteftantifme en France*, formeront le quatrième volume de la collection de mes ouvrages.

[*e*] Cette caufe avec l'hiftoire de tout ce qui y appartient, fera le cinquième volume de ma collection.

tice de commettre en cette occafion, le crime
auquel un monde de folliciteurs la pouffaient,
deux ans de travaux non interrompus. Au mi-
lieu de ces efforts, à l'occafion d'un mémoire
qui commençait à ne plus laiffer d'efpérance
aux coupables, les avocats ont demandé au
parlement de me *rayer de leur tableau.*

En 1773, le marquis de *Monteynard*, inf-
trument, fans le favoir, de la vengeance de Mr.
le duc *d'Aiguillon*, a ordonné à un confeil de
guerre affemblé tout exprès de condamner le
chevalier de *Bellegarde*, officier d'artillerie ef-
timé, fous le prétexte de la réforme des ar-
mes, faite par Mr. le duc de *Choifeuil*: le
confeil de guerre m'a nommé confeil du chevalier de *Bellegarde*; j'ai fait pour lui le mémoire le plus fage peut-être, mais auffi le
plus convainquant qui ait jamais été donné [f].
Le chevalier de *Bellegarde* a été condamné, &
j'ai reçu une lettre de cachet fignée *Monteynard*, qui m'exilait à *Chartres*.

[f] Il fe trouvera dans ma collection.

Dans le même-tems Mlle. la comteffe de *Bethune* avait, contre les maris de fes deux fœurs cadettes, un procès de trois millions, procès d'une juftice évidente, & qui, par un concours fingulier de circonftances, demandait dans le défenfeur, moins de lumières que de courage & d'honnêteté : à la fin de mon exil, la comteffe m'a chargé de fa caufe. La veille du jour où je devois plaider pour elle, le *Parlement* a rendu, fans m'entendre, arrêt qui me *rayait du tableau.*

A la fin de 1774, un des *Parlemens* de *Paris* s'eft évanouï, & l'autre eft reffufcité : la première opération de celui-ci a été de me rétablir dans mes fonctions par un arrêt folemnel du 12 Janvier 1775. Les avocats ont foutenu que le *Parlement n'avait pû me rétablir contre leur vœu*, & que je n'en étais pas moins *rayé de leur tableau ;* j'ai ofé foutenir & imprimer le contraire. Alors ils ont été plus loin : ils ont déclaré non feulement, " que „ le *parlement* ne pouvait pas rendre à un „ avocat l'état dont fes confrères l'avaient privé

„ injuſtement ; mais que quand ceux-ci l'exi-
„ geaient, il fallait que le parlement confir-
„ mât leur ſentence, ſans même en deman-
„ der les motifs, ſans même qu'il y *en eut*"
& en effet le 4 Février 1775, c'eſt-à-dire
22 jours après l'arrêt qui m'avait *remis ſur le*
*tableau*, a été rendu un autre arrêt qui me
*rayait du tableau* [*g*].

[*g*] Les monumens de ces contrariétés, l'hiſtoire de
ce qui les a cauſées, les conſultations ſignées & imprimées au nom de ſix cent Juriſconſultes, pour prouver
qu'un citoyen peut être *privé de ſon état*, quand il porte
une robe, ſans *recours aux Tribunaux*, ſans qu'il *ait*
*droit de demander des griefs*, ſans *Qu'il y en ait*, ſe trouveront dans le quinzième volume de ma collection. Avant
que de voir comment je ſuis ſorti du palais, il eſt bon que
l'on ait vu comment je m'y ſuis occupé. Si ces conſultations & ſi ces arrêts n'exiſtaient pas, ſi mon exemple ne
prouvait malheureuſement que ces principes ſont ſérieux;
ſi mes nombreuſes & inutiles apologies, toutes portant
ſur des faits, toutes reſtées ſans réponſe, n'étaient des
témoins irrécuſables, on ne croirait pas un mot, dans
dix ans, de tout ce qui m'eſt arrivé. Les contes des *Mille*
*& une nuits* ſont plus gais, mais ils ne préſentent pas
des faits plus invraiſemblables.

Mlle. la comteſſe de *Bethune* a eu la magnanimité de ne vouloir pas prendre d'autre avocat ; elle a plaidé ſa cauſe elle-même, elle l'a perdue.

Je m'étais chargé de la réduction d'un Journal, genre de littérature utile, mais aujourd'hui trop dégradé. J'eſpérais l'ennoblir. Mr. *Turgot* régnait alors ; lui & ſes partiſans publiaient qu'ils voulaient que l'on parlât avec une parfaite liberté ſur ſes ſpéculations œconomiques. J'ai haſardé de dire mon avis, qui n'était pas le ſien ; auſſitôt j'ai reçu défenſe d'ouvrir la bouche (5).

En 1776, *l'academie* a fait un choix ridicule & odieux ; ridicule par l'indignité du ſujet & les circonſtances qui l'avaient fait préférer, odieux par le paſſe-droit que l'on faiſait, en ſa faveur, à une multitude d'écrivains beaucoup plus *académiques* à tous égards. Je l'ai dit avec des ménagemens dont j'aurais pu me diſpenſer.

*L'académie* a envoyé Mr. le maréchal duc de *Duras* & Mr. le duc de *Nivernais* en ambaſſade vers Mr. le *Garde des Sceaux* & Mr. le comte de *Vergennes*, pour demander la ſuppreſſion de mon Journal : ces miniſtres l'ont accordée ſur le champ & ſans difficulté.

Enſuite ils ſont revenus ſur leurs pas, ils ont trouvé les droits du libraire plus reſpectables que les miens : en conſéquence Mr. le comte de *Vergennes* a écrit au libraire Panckoucke la lettre que voici, avec les notes marginales que j'y ai jointes, en demandant au miniſtre s'il avouait en effet cette piéce.

COPIE

# COPIE

*de la Lettre du C. de Vergennes, au libraire Panckoucke, en date du 2 Août 1776.*

„ JE ne puis me difpen-
„ fer, monfieur, de vous
„ témoigner mon mécon-
„ tentement de la licence
„ avec laquelle eft écrit
„ l'article de votre Jour-
„ nal littéraire, qui rend
„ compte des difcours de
„ Mrs. de la Harpe & Mar-
„ montel, à l'occafion de
„ la réception du premier
„ dans l'Académie fran-
„ çaife.
„ Cette compagnie y eft
„ traitée d'une manière
„ fcandaleufe.
„ Et le récipiendaire
„ avec un acharnement
„ qu'on n'avait pas lieu de
„ s'attendre à trouver dans
„ une feuille, où l'on a af-
„ fiché dans plufieurs oc-
„ cafions, le plus grand
„ defir de parler des diffé-
„ rens ouvrages avec im-

## OBSERVATIONS.

CET article a été approuvé par le cenfeur, on ne peut donc pas appeller *licence* l'énergie qui peut s'y faire fentir. Il n'y a de *licentieux* que ce qui eft fait en fraude des loix, ou contraire aux mœurs.

Le miniftre eft fupplié de fe faire lire cet article.

Les affiches de province ont parlé du récipiendaire avec plus de force & moins d'égards. Il eft bien refpectable, fans doute ; mais fes ouvrages le font un peu moins. Il n'y a point de perfonnalité contre lui dans l'article. Depuis dix ans, il en remplit fon Mercure contre prefque tous les gens de lettres, & en par-

B

,, partialité, & des hom-
,, mes avec modération.

,, Mr. le Garde-des-
,, sceaux m'en a porté ses
,, plaintes dans le premier
,, moment. & ne tendait à
,, rien moins qu'a faire
,, supprimer le Journal.

,, Je ne lui ai pas dissi-
,, mulé, monsieur, qu'il
,, était dans le cas de l'ê-
,, tre; mais par considéra-
,, tion pour vous, je l'ai
,, prié de suspendre sa ré-
,, solution à cet égard. J'ai
,, pensé, d'après la *con-*
,, *naissance que j'ai de vos*
,, *sentimens & de votre ma-*
,, *nière* d'agir, qu'il pou-
,, vait se faire que vous
,, ne fussiez pour rien dans
,, la composition de cet
,, article, ni même du
,, Journal, de laquelle
,, vous vous reposiez sur
,, le rédacteur.

,, Si le fait est tel que
,, je le présume, il faut,
,, monsieur, avant tout,
,, que vous ayez à ne plus
,, employer à cet ouvrage,
,, la personne qui a com-
,, mis la faute, & que vous

ticulier contre *M. Linguet.* Le
ministre est supplié de s'en
faire rendre compte.

On ignore si le recipien-
daire est digne d'un tel sacri-
fice; mais on osera observer
au ministre, qu'il est difficile
d'anéantir un privilège bien
authentique pour donner au
récipiendaire une satisfaction
injuste.

S'il s'agit de *sentimens &*
*de manière d'agir*, le défen-
seur de *Mr. le duc d'Aiguillon,*
le sauveur du comte de *Mo-*
*rangiés*, mérite bien peut-être
autant d'égards que le libraire
*Panckoucke.* Au surplus on
observe que cet article a été
lu tout au long en minute, au
libraire *Panckoucke*, qui ne l'a
pas désapprouvé, & par con-
séquent il y *est pour quelque*
*chose.*

On parle ici de la *personne*
*employée*, comme d'un laquais
que l'on renvoye quand on en
est mécontent. Il est bien évi-
dent qu'un ministre aussi poli,
aussi instruit que l'est Mr. le
comte de *Vergennes*, n'aurait
pas ainsi traité un homme de

„ me donniez l'affûrance
„ la plus pofitive , de ne
„ plus lui confier la rédac-
„ tion de votre Journal.

„ C'eft une fatisfaction
„ qui eft due aux plain-
„ tes de Mr. le Garde-
„ des - fceaux , & j'efpère
„ qu'elle l'empêchera d'in-
„ fifter fur la fuppreffion
„ qu'il était très en droit
„ d'exiger. Je fuis, &c.
*Signé*, DE VERGENNES.

lettres. On obfervera de plus que le libraire *Panckoucke* n'a pas le droit que la lettre lui fuppofe. Il exifte un acte par lequel il eft engagé pour *toute la durée* du privilège. L'homme de lettres appellé ici *une perfonne*, aux défagrémens qu'entrainait le travail du Journal , qu'elle prévoyait, n'aurait pas joint l'humiliation de n'être qu'un gagifte, dépendant des caprices d'un libraire. A moins que le parti ne foit pris de lui enlever fans réferve tous les droits de citoyen au barreau & en littérature, & que les libraires , comme les avocats, ne foient au-deffus des loix & des tribunaux, cette perfonne revendiquera fes droits : elle en avait offert le facrifice à l'honneur ; elle ne le fera jamais à la force.

Il n'eft pas probable que Mr. le Garde-des-fceaux, ni le miniftre à qui l'on impute cette lettre, infiftent fur une fuppreffion , qui ferait évidemment un acte de violence & d'injuftice , bien contraire à leurs intentions.

*Signé*, LINGUET.

Mr. le comte de *Vergennes* ne m'a pas répondu ; mais la fuite a prouvé que j'avais été trop honnête, en fuppofant que cette violence & cette injuftice n'étaient pas conformes à fes intentions & à celles de fon collègue.

On a tout couronné en donnant la propriété de mon

B ij

Journal au nouvel académicien , qui l'a reçue en parlant toujours , comme c'eſt l'uſage , de *délicateſſe* &
*d'honneur* (5).

Enfin j'ai voulu réclamer mes droits par les voies or-
dinaires de la juſtice. Un procureur s'eſt d'abord chargé
de l'affaire : j'ai fait aſſigner le libraire *Panckoucke* : il
a répondu par écrit ſur l'exploit, que j'ai, qu'il agiſſait
d'après des *ordres ſupérieurs*. Le lendemain , le procureur eſt venu me déclarer qu'il ne pouvait plus me ſer-
vir, parce qu'il était lié *par des ordres ſupérieurs*. Ses
confrères m'ont dit la même choſe , & j'ai depuis
éprouvé que *ces ordres* s'étendaient à tous mes intérêts
civils. Les tribunaux ont promis ou ſont convenus de
n'écouter aucune de mes demandes , en quelque genre
que ce ſoit : ils condamnent toutes les parties auxquel-
les on peut ſuppoſer que je prends ou que j'ai pris
quelque intérêt. Depuis ſix mois il s'eſt encore paſſé
dans ce genre des ſcènes ſcandaleuſes dont la juſtice
ne rougit plus.

Il n'y a point d'exemple d'une perſécution de cette
nature. Si quelqu'un oſait blâmer l'énergie de mes
plaintes, je lui dirais , *vide ſi eſt dolor ſicut dolor meus :*
je l'inviterais de plus à ne rien prononcer ſur ma lettre , qu'il n'ait lu les notes 9 , 10 & 11 qui la ſuivent.

C'eſt , comme la lettre elle-même , l'expreſſion d'un
cœur briſé par une longue continuité de vexations ;
mais j'y ai , comme dans tous mes autres écrits, reſpecté ſcrupuleuſement tout ce qui eſt reſpectable pour
un homme honnête & un bon citoyen, les loix que
j'ai inutilement invoquées, ma patrie que j'adore, &
mon roi dont je ne ceſſerai de réclamer la juſtice.

# LETTRE
## DE MR. LINGUET
### À
## MR. LE C. DE VERGENNES.

Monfieur le Comte,

LE choix de mon premier afyle a du vous prouver que je cédais à la prudence plus qu'au ref-fentiment: je me fuis fixé fix mois dans la partie de l'*Europe*, qui tient aujourd'hui de plus près à la France, dans celle qu'une alliance heureufe & des intérêts communs autorifent à regarder, en quel-que forte, comme incorporée à notre nation.

Je me fuis tranfporté ici, il y a deux mois, pour fonder fi le féjour m'en conviendrait, dans le cas où il faudrait enfin me réfoudre à l'adopter. Mais c'eft à monfieur l'ambaffadeur de *France* que j'ai rendu ma première vifite. Le repréfentant du *roi*

B iij

a reçu mon premier hommage à *Londres* comme à *Bruxelles*, je n'ai pas voulu ceffer un moment d'être fous les yeux de mon prince.

J'ai d'ailleurs laiffé repofer ma plume ; j'ai contraint ma douleur & étouffé mes foupirs. Je devais me flatter qu'une patience fi foumife, une réfignation fi refpectueufe ouvriraient enfin les yeux du miniftère. Je m'apperçois que je me fuis trompé : tout ce que j'y ai gagné c'eft le droit de les faire obferver.

Un plus long filence me rendrait méprifable : il donnerait à mes ennemis trop d'orgueil ou de fécurité. Ils fe flatteraient de m'avoir accablé, les efprits frivoles me croiraient confondu ; il eft tems de prouver que je ne fuis ni l'un ni l'autre, d'invoquer férieufement cet axiome, auffi vrai que terrible, *que tout citoyen pour qui les loix de fon pays deviennent impuiffantes, ceffe d'être lié par elles.* Eft-il poffible que ce foit vous, qui me réduifiez à en faire l'objet de mes méditations ?

A votre avénement au miniftère, le 31 Juillet de cette année mémorable, dans une lettre toute entière de votre main, vous m'écriviez ces propres mots : *vous avez des talens fublimes ; vous les avez employé plus d'une fois à laver l'innocence, &c.* Rien n'a changé de mon côté : quels que foient

ces talens fublimes ou non, j'ai continué invaria-
blement à en faire le même emploi ; j'ai dit la vérité aux tyrans de la littérature, comme aux affaffins du comte de *Morangiés*. Les choix des uns
font malheureufement auffi ridicules, depuis quelque tems, que les prévarications des autres éraient
atroces : dans les deux cas, j'ai fait mon devoir
comme *Journalifte*, & comme *Jurifconfulte* dans
les deux cas, j'ai défendu l'innocence & combattu
l'injuftice ; j'ai donc continué à vérifier les éloges
que vous m'aviez donnés, dans les tems où votre
âme honnête était encore inacceffible aux féduc-
tions de l'efprit de parti. Pourriez-vous les concilier avec la dépêche du 2 Août 1776. où vous
montrez tant de mépris pour moi, & une eftime fi
tendre pour le libraire infolent & vil, qui foudoye
vos bureaux ? font-ils compatibles avec cet ordre
ténébreux & illégal, d'après lequel j'ai vu le dernier débris de ma mince fortune renverfé fans for-
malités, & ma confifcation fi noblement appliquée
au profit d'un des enfans trouvés du fénat littéraire de *Paris* ? Eft-ce donc la même main qui a
figné des protocoles fi différens ?

Et à quel fujet êtes-vous devenu tout d'un
coup fi oppofé à vous-mêmes ? à propos d'une dé-
nonciation odieufe qui n'était pas de votre reffort.

B iv

Ce n'était pas contre la partie politique de mon Journal que l'on rougiſſait au *Louvre* : c'eſt dans la région littéraire que ſe trouvait le crime de *lèze-Académie* : or, cette contrée vous était étrangère. Fallait-il franchir vos limites pour commettre une injuſtice ?

Qu'un maréchal des *Menus* ait fait de ce complot honteux une grande affaire ; que dans ce combat ſans riſque il ait pris pour ſecond un duc tout fier de s'entendre appeller le *La Fontaine* du ſiècle par les prétendus pères.conſcrits de notre littérature ; qu'uniſſant leurs efforts, ils ſe ſoient établis par reconnaiſſance, les agens de leur puérille collège, il n'y a rien là que de naturel.

L'*Académie*, s'aviliſſant une fois juſqu'à imiter les procédés des *avocats* ; ambitionnant, comme les *avocats*, le privilège de faire condamner ſes ennemis innocens, & ſans les entendre, ainſi que d'étouffer des vérités importunes par la proſcription du cenſeur indiſcret ; il lui fallait, comme aux *avocats*, un *bâtonnier*. Or, cette charge illuſtre convenait ſans doute à merveille à un *maréchal de France*, aſſiſté d'un membre de la *cour des pairs*.

Mais vous, qui ne prétendez ni au commandement des ſpectacles, ni à la roſette du bel eſprit, deviez vous vous armer pour eux ? conſtitué par votre place & la confiance d'un grand roi, l'arbitre du deſtin de l'*Europe*, était-ce à vous à entrer dans un combat d'inſectes? L'aigle de *Jupiter* fait-il gronder la foudre de ſon maître pour venger des fourmis qu'un homme piqué par elles écraſe dans un pré?

Vainement dans la lettre du 2 Août, tâchez-vous de vous appuyer de *Mr. le Garde-des-ſceaux*: vainement avez-vous ſoin d'y dire que vous étiez preſſé par lui. Nous connaiſſons tous le caractère de ce chef de notre magiſtrature; il n'a jamais été preſſant ſur rien; & ce n'eſt pas le rôle du *mé-chant* qu'il joue le mieux.

S'il a feint de vous conſulter, ſi au lieu de ſup-primer lui-même mon Journal, il s'eſt adreſſé à vous pour décider ſi on le ſupprimerait, c'eſt une petite comédie où il a voulu vous aſſocier à lui, en vous donnant le principal perſonnage, c'eſt-à-dire, l'embarras de la réponſe à faire aux ſolliciteurs *académiques*.

Vous n'avez pas compris ſon intention. Au lieu de rire, comme aurait fait un miniſtre gai, de la délation du petit aréopage; au lieu de la rejetter avec horreur comme aurait fait un miniſtre grave, vous l'avez accueillie avec empreſſement, & le chef de notre juſtice n'a plus balancé ſur une injuſtice dont il pouvait vous laiſſer l'odieux.

Je fens combien le défir de plaire à l'auteur de votre fortune a pu influer fur votre complaifance. Mr. le comte de *Maurepas*, allié à Mr. le duc d'*Aiguillon*, n'a pas diffimulé qu'il en partageait les fentimens à mon égard. Au *parlement*, au *confeil*, fon vœu, bien connu a enchainé les voix qu'il n'a pas féduites. Ces exemples ont pu vous paraître fuffifans pour autorifer votre déférence ; & vous n'avez pas cru devoir héfiter à confommer une profcription déja fi avancée : je fens tout cela ; mais avouez que ce n'eft qu'une particularité honteufe de plus dans cette affaire, & qu'un miniftre n'eft pas innocent d'une injuftice, parce qu'il a eu fon protecteur pour guide, & des magiftrats pour modèles.

La furprife augmente quand on approfondit le prétexte, qui a paru motiver de votre part cette infraction de toutes les loix. Il eft malheureufement configné en caractères ineffaçables dans votre lettre du 2 *Août*. Vous n'avez pas pu dire, comme le *parlement*, que vous étiez *violenté* par les *avocats*; vous n'avez pas pu dire, comme les quatre commiffaires du *confeil*, qui n'ont ofé lire ma requête, & ne l'en ont pas moins rejettée, que le *parlement* vous faifait peur. Qu'avez-vous donc dit ? Que j'avais hafardé une critique trop dure des choix académiques, & de l'embrion intrus dans cette compagnie.

Je me fuis pleinement juftifié à cet égard dans ma lettre au *roi* ; lettre reftée inutile, comme tout ce qui l'a précédée, parce que le grand malheur des *rois* & de leurs fujets opprimés, c'eft l'impoffibilité d'ouvrir l'accès du trône aux rayons de la vérité.

J'ai démontré qu'on pouvait, fans bleffer aucune loi, penfer que *l'académie* étant un établiffement national, ce font les fuffrages de la nation qu'il faut confulter dans les choix qui la perpétuent ; qu'en faire un *club*, une cotterie exclufive, deftinée à devenir uniquement le théâtre d'un commérage obfcur & tracaffier, c'eft l'avilir & la dénaturer ; que les femmes peuvent faire ou défaire, fans un danger bien inftant, des *miniftres*, des *généraux*, de *grands* ou *petits référendaires*, &c. parce que pour être tout cela il ne faut que des patentes, & qu'au fond les chofes ne vont pas mieux fous ce qu'on appelle les *bons*, que fous les *mauvais* ; mais que la nature feule faifant les grands *poëtes*, les orateurs *éloquens*, & l'injuftice pouvant les décourager, tout eft perdu dès que le beau fexe fe mêle de diftribuer les couronnes qui marquent leurs rangs ; parce que cette charmante moitié du

genré humain , accoutumée à regarder la complaifance comme le premier des talens dans les
hommes, ne peut guère apprécier le génie qui em-
prunte rarement cette forme trompeufe ; parce
que la fenfibilité de leurs organes & l'impétuofité
de leurs conceptions les emportant fouvent , fans
qu'elles s'en apperçoivent , il en réfulte fouvent
auffi de leur part des méprifes ; parce que n'étant
prefque jamais que des tyrans en fous-ordre, ayant
ordinairement un oracle caché, qui leur dicte ceux
qu'elles prononcent en public, elles font expofées
à fervir la haine & la rivalité , quand elles croyent
n'obéir qu'à la tendreffe ; parce qu'enfin voyant
prefque toujours des ennemis dans tout ce qui
n'eft pas efclave de leurs amis , elles portent dans
des choix que la raifon devrait diriger , un defpotifme, une prévention , une opiniâtreté préjudicia-
bles au vrai mérite ; & n'ouvrent en conféquence
qu'à la médiocrité, comme on le voit fur tout depuis dix ans , l'entrée de ce fanctuaire placé entre
le mépris & le refpect, auffi propre par fa conftitution à devenir la honte de la littérature françaife,
qu'à en affûrer la gloire.

Je n'ai pas dit autre chofe. Je l'ai dit fous la
fanction des loix , avec l'approbation du cenfeur
que le gouvernement m'avait nommé.

Et voilà le forfait pour lequel vous avez facrifié, fans forme de procès, un citoyen irréprochable; un citoyen aux talens, ou du moins aux bonnes intentions de qui vous-même avez rendu hommage, un citoyen couronné par la juftice & le fuccès dans cent combats dont dépendaient la fortune, la vie, l'honneur d'autant d'opprimés qui auraient péri fans lui; un citoyen à qui fes ennemis les plus acharnés n'ont jamais pu reprocher qu'un zèle trop ardent, fuivant eux, pour l'innocence & la vérité! voilà l'attentat pour lequel cet homme, que la partie la plus honnête de la nation abfout & redemande, fe voit forcé de s'expatrier, de s'arracher à fes amis, à fes cliens, & d'aller recevoir d'une puiffance étrangère le droit d'être déformais utile fans opprobre, la faculté de faire le bien fans danger.

Quand je n'aurais été qu'un particulier de la dernière claffe, jouiffant d'une fortune paifible & affûrée, accufé d'une imprudence repréhenfible, à qui il n'aurait été queftion d'enlever, pour l'expier, qu'un amufement frivole, ou un fuperflu fans conféquence, j'aurais encore eu droit d'attendre de vous des égards ou du moins de la juftice: mais j'étais malheureux; je n'avais commis aucune faute; le gouvernement n'ayant pas eu le courage de me foutenir contre les pirates du palais, me devait au moins protection contre ceux de la littérature ; mes droits fur le Journal étaient l'unique reffource qui me reftât, le feul débris échappé à l'ingratitude du duc d'*Aiguillon*, à la fureur des *avocats*, à la faibleffe du *parlement* ; & c'eft là, dans de pareilles conjonctures, ce que vous m'enlevez : vous me l'enlevez fans délit, fans examen, fans formalité : vous me l'enlevez de vôtre autorité privée, fous votre propre nom, à vous feul !

Et quand je réclame l'appui des tribunaux, que je me flatte de les troûver moins prévaricateurs, parce qu'ils ne feront plus maitrifés par la rage des *avocats*, ils me déclarent qu'ils font enchainés ! Le miniftère, qui n'a pas ofé leur enjoindre de m'affurer mon état, a pris fur lui de leur défendre de me conferver mes propriétés !

Ainfi, de fang froid, fans intérêt, fans raifons, & qui plus eft, fans pouvoirs vous avez été plus loin que le délire des gens du *tableau*, ou la pufillanimité de la cour des *pairs*. Les arrêts de celle-ci m'avaient puni de mon dévouement pour l'innocence, menacée par des juges prévaricateurs & des jurifconfultes corrompus ; mais enfin ils ne m'avaient pas réduit à l'obligation de chercher un afile éloigné , ils me laiffaient les droits de *citoyen*; il m'était encore permis de faire valoir ceux de la raifon & de l'équité , dans toutes les occafions où je n'aurais pas un *bâtonnier* pour adverfaire, & *les tuteurs des rois* pour juges.

D'un trait de plume vous m'avez arraché ce que ces deux puiffances avaient refpecté : elles n'avaient déchiré que ma robe ; c'eft mon exiftence civile que vous avez foulée aux pieds : vous m'avez fait un devoir de fuir ma patrie, de peur de la voir de nouveau réduite à me donner des pleurs inutiles, fur de nouveaux outrages : vous m'avez fait une néceffité d'abjurer le ferment encore cher à mon cœur , de lui confacrer tous mes inftans , jufqu'au dernier.

Vous ne manquerez pas de dire que cette néceffité n'eft qu'une méprife de mon imagination ; que ma retraite eft l'effet d'une terreur panique ; que, pour punir l'indifcrétion de ma plume , vous vous feriez contenté de l'ordre qui la brifait ; qu'en prétant l'appui du defpotifme miniftériel au reffentiment littéraire de *l'académie*, il ne fe ferait exercé que fur des objets littéraires ; qu'enfin vous n'auriez pas attenté à ma perfonne , auffi légèrement, qu'à mes écrits.

Je ne veux pas vous croire plus coupable à mon

égard, que vous ne l'êtes réellement. Peut-être en
effet n'auriez-vous pas voulu pouffer plus loin l'a-
bus du pouvoir ; mais en auriez-vous été le maître ? Les mains qui vous avaient arraché l'ordre
du 2 Août 1776, auraient-elles trouvé dans la vôtre plus de réfiftance, quand elles lui en auraient
préfenté de nouveaux à figner au même titre, c'eft-
à-dire, au nom du crédit & de l'intrigue ? une première faibleffe, fur-tout dans le genre des abus de
pouvoir, n'eft-elle pas le gage & la caution d'une
feconde ?

Mais on aurait manqué de prétextes ! Mais en
avait-on, quand on a attaqué mon honneur, par les
délations les plus criminelles ? En avait-on, quand
on m'a enlevé mon état, par les arrêts les plus con-
tradictoires ? En avait-on, quand on eft venu vous
déférer, comme un crime, un morceau de littérature, muni de l'approbation la plus autentique, & le
plus propre, par lui-même, à juftifier l'auteur comme le cenfeur ?

On aurait manqué de prétextes ! eh ! les *avocats* n'ont-ils pas publié dans les cercles, plaidé au
barreau, imprimé dans une confultation folemnelle
fignée par quinze d'entr'eux, au nom de tout le
corps, qu'il n'en fallait pas pour perdre quiconque avait le malheur de leur déplaire ; qu'on ne

pouvait

pouvait ni leur demander le motif de leurs fenten-
ces , ni même exiger *qu'elles en euffent ?* Mais un
*avocat général* , le Sr. *Barentin* , n'a-t-il pas, dans
une audience publique , préfenté ce principe à la
juftice comme un axiôme irréfragable , qu'elle devait confacrer ? Mais un *parlement* , le *parlement*
de Paris ne l'a-t-il pas enfin adopté fans reftriction ?
N'en a-t-il pas fait le fondement de la conftitution
du palais fubalterne, de ce qu'on appelle *l'ordre
des avocats ?*

Et vous voudriez qu'un homme , objet & victime de tant d'efforts , de tant de prévarications,
fe crut en fûreté du moment qu'on manquerait de
prétextes , pour en commettre de nouvelles !

Tant que j'ai eu quelque chofe qu'on put m'enlever , tant que je me fuis vu , comme la *Sibille*
de *Virgile* , des gâteaux à la main pour remplir la
gueule des *Cerberes* acharnés à ma perte , j'ai
moins craint pour ma perfonne. Ma fortune, mon
état , mes ouvrages , mes propriétés civiles , ils
ont tout dévoré morceau par morceau , & j'ai fouf-
fert avec patience. Mais quand il ne m'eft plus enfin
refté d'autre poffeffion au monde , que ma liberté,
ai-je pu me flatter qu'elle ne ferait pas bientôt en-
gloutie par eux ? N'eft-elle pas , dans nos mœurs,
celui de tous les biens , qu'on ravit le plus légère-

C

ment, celui dont le vol caufe le moins de bruit &
de fcandale? N'avait-on pas contre-moi le plus lé-
gitime de tous les griefs, le fouvenir de tant d'injuftices qu'on m'a déja faites? Bien des gens n'au-
raient-ils pas applaudi à un coup d'autorité qui
les aurait à la fin débaraffés d'un difputeur infati-
gable, qui ne ceffe depuis dix ans de démafquer des
iniquités, qui veut-être innocent malgré les *avocats*, le *parlement* & le *miniftère?* Cette multitude
d'autorités ou de complices n'aurait-elle pas af-
faibli vos remords, & fait évanouir vos fcrupules?
En commettant un crime demandé par tant de
voix, vous auriez cru peut-être confommer
prefque un acte de vertu.

Voilà ce que j'ai preffenti & prévenu ; j'ai dit
comme *Ariftote*, mais dans un autre fens, *fauvons
un nouvel affront à la philofophie* ; c'eft-à-dire, em-
pêchons les philofophes de fe fouiller par un nouvel affaffinat. Ce parti était indifpenfable ; je ne
l'ai pris qu'à la dernière extrémité, lorfque le paffé,
le préfent & l'avenir m'en faifaient un devoir fa-
cré, fi c'en eft un de cette efpèce pour tout être
animé, que la confervation de fon exiftence (6).

Qu'avez-vous à objecter, monfieur, contre ce
terrible tableau ? Tout, malheureufement, tout
n'en eft-il pas vrai ? Vous qui ambitionnez, à

ce qu'on dit , la réputation de miniſtre intégre &
juſte , pouvez-vous ſoutenir l'idée d'être le prête-
nom d'une iniquité qui en couronne tant d'autres ? Avez-vous ſongé aux ſuites que peut avoir
& qu'aura cet abus d'autorité , dont vous venez
de donner le premier exemple ?

On avait bien vu juſqu'ici des *Bulles* ou des *Libelles* clandeſtins occaſionner des *lettres de cachet* ,
& des miniſtres s'occuper gravement de ces délits,
que le mépris aurait réprimés bien plus ſûrement
que l'autorité ; mais le prétexte de la religion , le
danger des coups portés dans les ténébres pouvaient alors juſtifier, ou du moins excuſer leur
rigueur. D'ailleurs ils ſe croyaient obligés d'em-
prunter le nom ſacré du roi pour la couvrir : leurs
ſubalternes pouvaient être un peu contenus par
cette formalité impoſante ; elle reſſemblait au ſer-
ment judiciaire : tel qui n'eſt pas effrayé de l'idée
d'un menſonge , recule & reſte muet quand il s'a-
git d'un parjure.

Ce faible préſervatif même va nous manquer,
depuis qu'il eſt prouvé par mon exemple qu'une
ſimple lettre d'un miniſtre, en ſon nom, ſuffit pour
dépouiller un Français de ſon état ; pour impoſer
ſilence aux tribunaux , pour traveſtir en crime des
réflexions véridiques autoriſées par les loix , par

les mœurs, par toutes les formes que le gouvernement a prescrites pour légitimer les productions de l'esprit. C'est une nouvelle source de vexations arbitraires que vous avez ouverte dans un pays déja malheureusement trop célèbre par sa fécondité en ce genre.

On ne tardera pas à sentir le danger, suspendu jusqu'ici, ou écarté par la délicatesse des ministres vos prédécesseurs, d'avoir introduit, dans une compagnie de gens de lettres, des hommes puissans, presque toujours incapables d'y porter autre chose que l'esprit de domination & de vengeance. Les voilà au point de ne plus souffrir que des associés, ou titrés & despotes comme eux, ou bas, vils, sans talens, comme les littérateurs inconnus, que l'on recrute depuis dix ans parmi les parasites de vôtre capitale, lâches qui payent en encens la bonne chère qu'on leur laisse partager, & qui osent, en conséquence, ainsi que l'a fait dans son discours le dernier & très-digne académicien, préconiser une table splendide, comme la source du bon goût en littérature ; insinuer que, pour guider sûrement les successeurs des Racines & des Corneilles, il faut sur-tout avoir l'attention & la faculté de leur donner de grands repas (7).

Que résultera-t-il de cet étrange alliage ? Que

les uns redoubleront de flatterie pour enyvrer leurs brillans & ineptes camarades ; que ceux ci prodigueront tout le crédit que peuvent donner la naissance, les places ou la richeffe, pour défendre la médiocrité des premiers : alors *l'académie* compofée comme la *chimère* des poëtes, d'une queue venimeufe & rampante, avec une tête fuperbe & meurtrière, réunira les funeftes propriétés de cette double organifation. Quiconque ofera lui déplaire fera tout à la fois piqué par les ferpens littérateurs & brifé par les lions courtifans, jufqu'à ce que notre parnaffe, entièrement dévafté par le monftre, ne retentiffe plus que de fifflemens impurs & de rugiffemens difcordans.

Voilà, Monfieur le comte, l'avenir dont la France vous fera redevable : voilà le trifte abus dont je fuis la première victime, & l'exemple fcandaleux que vous avez donné.

Vous avez réfidé long-tems à *Conftantinople* ; convenez qu'il n'y a pas de miniftre qui eut hafardé dans cette ville, fi décriée parmi nous, ce que vous vous êtes permis à *Verfailles* contre moi. On n'y a jamais vu de *Caimacan* anéantir, de fon autorité privée, une conceffion du *Padishah* ; diffoudre, fans forme de procès, des conventions entre particuliers ; & défendre au *Cadi* même d'examiner fi l'une des deux parties peut répéter des dommages & intérèts. Chacun de ces attentats ferait un crime de *lèze-majeflé* aux *Dardanelles*. Changent-ils de nature fur les bords de la *Seine*?

Serait-ce parceque j'ai loué autrefois les maximes de la *Porte*, que vous avez cru devoir vous permettre envers moi les procédés que le préjugé attribue à fes miniftres. Mais prenez y garde, j'ai motivé mes éloges. Ce n'eft pas parce que les *fécretaires d'Etat ottomans* peuvent abufer de leur pouvoir, que j'ai trouvé ce gouvernement là très-bon, très-confolant pour les particuliers obfcurs & fans appui : c'eft parce que la punition peut y être auffi prompte que l'abus : c'eft parce que la tête de l'oppreffeur y tombe fur le champ aux pieds de l'opprimé; ce qui fait, fans doute, une compenfation notable à l'avantage de celui-ci, comme je l'ai démontré dans la *théorie des loix* & dans mes autres écrits. Si vous prétendez, vous autres fous-rois chrétiens, aux priviléges des *Bachas*, il faut donc vous foumettre à la police expéditive & vengereffe qui les contient : nos climats cefferont bientôt d'être habitables, s'il y eft permis aux miniftres d'allier contre les fujets la tyrannie afiatique avec l'impunité européenne.

C'eft ce qu'on ne ceffe de faire contre moi depuis trois ans, monfieur le comté : c'eft ce qu'on ne fera plus. Ce moment-ci va me procurer une fauve-garde inviolable contre les vexations, en ref-ferrant les liens qui m'attachent à mon pays, ou m'en affranchir pour toujours en les brifant. Je ne me vois qu'avec un faififfement inexprimable réduit à cette alternative : mes amis, ma patrie, font là devant mes yeux : je fens aux larmes qui en coulent, combien ces objets me font chers. Malgré la fermeté que je dois à l'habitude de fouffrir, peut-être autant qu'à la nature, mon cœur frémit à la feule idée de m'en féparer. Il y a peu de facrifices que je ne préféraffe à celui-là. Je m'y réfoudrai cependant, s'il le faut ; & comme c'eft vôtre rétractation, ou la continuité de vôtre aveuglement qui vont m'en ôter, ou m'en donner la force, j'ajouterai encore ici quelques idées, capables, ce me femble, d'influer fur vos réfolutions.

Malgré la lettre flatteufe que je vous ai rappellée en commençant celle-ci ; vous ne vous êtes jamais formé de moi une opinion jufte. Vous m'avez d'abord confondu avec ces tracaffiers faméliques, qui, fous le nom d'avocats du *tableau*, ou point du *tableau*, trainent & fouillent leurs robes au palais, & à qui le parlement, comme de raifon, m'a facrifié. Vous avez cru peut-être faire beaucoup pour moi que de me placer un peu au-deffus des *Gerbier* & des *Target*, ce qui ne fuffifait cependant pas pour me concilier votre eftime.

Quand enfuite, convaincu de la fureur implacable de ces lâches rivaux, & de la foibleffe politique du parlement, j'ai confenti, pour obliger un libraire ingrat, & me conferver une exiftence que mes travaux du palais avait plus altérée qu'affermie, à me charger de la rédaction d'un Journal ; vous, accoutumé, non fans fondement, à regarder cette efpèce d'écrivain comme ce qu'il y a de plus méprifable dans la littérature, vous n'avez vu en moi que le ftipendiaire d'un *Panckoucke*, & j'ai baiffé d'autant dans votre efprit.

Il n'aurait fallu qu'un coup d'œil fur mes ouvrages, fur ce Journal même ; il n'aurait fallu qu'un peu de réflexion fur ma conduite dans l'affaire de *Brétagne*, dans celle des *cent mille écus*, & en général dans toutes celles dont j'ai été chargé, pour fentir que je ne reffemblais à aucun de ceux dont je paraiffais faire le métier ; que foit comme *avocat*, foit comme *littérateur*, je méritais quelque exception.

Il y a plus ; il ne fallait, à votre avénement, qu'ouvrir le dépôt des affaires étrangères fous votre prédéceffeur ; fi Mr. le duc *d'Aiguillon* n'a pas commis un nouveau larcin envers moi ; fi après s'être acquitté, avec des outrages & des délations, du travail particulier que j'ai fait pour lui, il ne s'eſt pas approprié un travail pour la patrie, vous trou- verez dans vos archives un mémoire de moi, à lui addreſſé, où le démembrement de la Pologne eſt annoncé un an avant qu'il en fut queſtion, avec un plan facile, aſſuré pour en rendre les avantages communs à la *France*, fans lui en faire partager l'odieux.

Il traita mes idées de chimères extravagantes. Les intrigues de *l'œil de bœuf*, & des petits appar- temens, abforbaient fon attention : elles lui fem- blaient bien plus férieufes que toutes les négocia- tions du *Nord*.

Enfin on apprit à *Verfailles*, par la voie de *Londres*, l'événement qui juſtifiait mon pronoſtic. Le duc *d'Aiguillon* était bien honteux ; je lui re- préfentai qu'ayant manqué l'inſtant de rendre l'in- tervention de fa cour néceſſaire & lucrative pour elle, il ne lui reſtait d'autre parti que celui de la rendre refpectable parle défintéreſſement, d'acqué- rir par des proteſtations folemnelles, & la démonſ- tration, du moins, de quelque bonne volonté, l'eſtime de *l'Europe*, avec la reconnaiſſance des *Polonais*.

J'ajoutai que le jour était venu de relever fur un autre fondement l'édifice du premier miniftre de *Louis XIII*, renverfé de nos jours ; de fubfti-tuer à fon équilibre une autre balance, où la *France*, *l'Angleterre* & *l'Efpagne* feraient le contrepoids des puiffances du *Nord*, devenues trop redoutables par leur union & leur aggrandiffement ; que cette propofition, même échouée, lui ferait toujours honneur ; quelle convenait à un héritier du nom du cardinal de *Richelieu*; qu'elle prouverait en lui de grandes vûes dont fes ennemis s'obftinaient à le croire incapable : qu'il n'avait pas d'autre moyen pour donner à fon miniftère quelque chofe de l'é-clat, qu'avaient affûré à celui de fes prédéceffeurs la réconciliation des maifons de *Bourbon* & *d'Autri-*che & le *pacte de famille*.

Ma deftinée a toujours été de dire, à lui & de lui, des vérités, fans être cru. A une démarche noble, il préféra une tentative ridicule. Il fit de-mander à la cour de *Vienne* une indemnité au nom de la *France*, pour la part qu'elle aurait pu avoir, & qu'elle n'avait pas, dans le partage de la *Polo-*gne. On fe moqua de lui ; on lui répondit que, pour avoir droit à des dépouilles, il fallait avoir concouru aux travaux qui les procurent ; & que les *Pandours* n'étaient pas dans l'ufage de donner des dédommagemens aux lecteurs que les gazettes inftruifaient de leurs expéditions.

Si vous aviez été informé de ces anecdotes , apportant au miniftère ( je le fuppofe ) un autre efprit que celui de Mr. le duc *d'Aiguillon* , vous ne vous feriez probablement pas piqué d'imiter fes procédés ; mais vous n'avez rien fu , rien voulu favoir. De là votre lettre du 2 Août : de-là la profcription qui a fuivi : de-là la défenfe faite aux officiers de Juftice de me fervir dans les tribunaux ; delà enfin l'inveftiture de mon pauvre petit fief littéraire , accordée à l'être de l'univers que la raifon, l'honneur , la juftice , la bienféance même en rendaient le plus incapable.

Maintenant écoutez moi , monfieur le comte , & daignez m'apprécier ; je vais vous dire des chofes qui feront neuves peut-être pour vous & pour tous vos confrères miniftres , mais qui n'en font pas moins vraies. Ce fera une ample matière à réflexion pour les lecteurs de toutes les claffes.

Vous m'obligez à me donner une exiftence nouvelle ; fi mon cœur s'y refufe , mon efprit n'y eft pas embarraffé. Dans l'état où fe trouve aujourd'hui *l'Europe* , avec du courage & de l'indignation , je fens à merveille qu'on peut aller très-loin.

La balance politique vous échappe, & vos faibles mains ne la reprendront plus. Le nord recouvre par tout son afcendant prefqu'oublié depuis plufieurs fiècles. Dans l'ancien continent, les pertes de la *Pologne* enrichiffent des puiffances qui ne tarderont pas à faire la loi au *midi*. Au-delà des mers c'eft la même chofe: la partie feptentrionale de l'hemifphère moderne fe dérobe au joug de fes maîtres, qu'elle appelle fes tyrans. Ceux-ci réclament leurs droits avec les reffources que donnent le tems & la force; de manière ou d'autre, les riches & faibles poffeffions des premiers dominateurs de l'Amérique deviendront, avant peu, la proie du vainqueur ou l'indemnité du vaincu.

Dans ce choc des deux mondes, dans l'embrafement univerfel qui ne peut manquer d'en être bientôt l'effet, toutes les carrières font ouvertes à un homme qui a les yeux bons & une âme intrépide; la voix de la liberté rétentit d'un pôle à l'autre : elle promet la gloire & la fortune à quiconque aura affez de hardieffe & de talens pour les faifir. Voilà ce que je diftingue clairement: je vois dès lors devant moi des reffources innombrables pour mon établiffement & ma vengeance.

Mais vous, miniftre du roi, que la providence a fait votre maître & le mien; vous, comptable à

lui , & à la *France* , de tous les talens qui peuvent
leur être utiles, ofez-vous, dans de pareilles conjonctures, par un pur caprice ou par une faibleffe
moins excufable encore, pouffer au défefpoir , ré-
duire à une retraite forcée, un fujet fidèle, innocent, qui n'a jamais demandé, qui ne demande encore qu'examen & juftice? Si c'eft la fermeté, la
vigueur de l'âme, qui doivent rendre un particulier intéreffant pour les dépofitaires de l'autorité
royale, la défenfe du duc d'*Aiguillon* , celle du
comte de *Morangiés*, & tant d'autres, pouvaient
elles vous apprendre à me méprifer , & fi c'eft par
des facultés d'une autre genre qu'on peut prétendre à leurs égards , vous était-il permis d'oublier
le 2 Août 1776 , que l'homme dont vous alliez al-
lumer l'indignation vous paraiffait en 1774 avoir
des talens & les employer d'une manière honorable? Sous quelque point de vue que vous m'en-
vifagiez , foit comme innocent, foit comme fujet
utile , en me réduifant à m'expatrier, vous avez
réuni l'imprudence à l'injuftice.

Vous appliquez peut-être ici cet axiome fi com-
mode pour la confcience des miniftres injuftes, que
la perte d'un feul homme n'eft rien pour le domi-
nateur d'un grand Etat. Peut-être en avez-vous
fait ufage pour calmer les fcrupules d'un prince,

dont le cœur honnête & généreux frémirait de tant d'indignités, s'il en connaiſſait les détails, comme le réſultat; mais en cela, vous abuſeriez de ſa con‑ fiance & de ſa jeuneſſe, d'une manière bien inex‑ cuſable.

Qu'un citoyen paiſible ſoit enlevé à la républi‑ que par le cours ordinaire de la nature, c'eſt une perte dont il faut bien ſe conſoler; qu'un ſcélérat chargé de crimes ſoit retranché de la ſociété qu'il tourmentait, c'eſt une perte dont on peut s'applau‑ dir. Mais quand un homme évidemment innocent & vertueux eſt aſſaſſiné par des confrères que la plus baſſe jalouſie anime contre lui; quand un tribunal inſtitué préciſément pour réprimer les complots de ce genre, a la faibleſſe intéreſſée d'y participer, & devient complice de l'iniquité d'une compagnie contre un particulier, dans l'eſpérance que cette même compagnie ſera un jour à ſon tour complice & ſoutien de ſa révolte contre le ſouve‑ rain (8); quand enfin ce qu'il y a de plus diſtin‑ gué dans une nation, du moins par ſes titres, des *ducs & pairs*, des *maréchaux*, des *miniſtres*, ſe réu‑ niſſent contre l'objet de ce honteux manège; que les premiers, par des délations ténébreuſes, les au‑ tres par des violences ouvertes, lui font une néceſ‑ ſité de quitter ſa patrie, de porter chez les étran‑

gers fon défefpoir, fa vengeance & fes talens, s'il
en a; alors, monfieur, c'eft une perte, & une
perte irréparable; d'abord, parce que fon hiftoire
prouve qu'il n'y a plus dans la partie de la nation
qui donne ce funefte exemple, ni pudeur, ni délicateffe, ni frein au defpotifme des hommes en
place & des corps, plus redoutable cent fois que
celui des plus cruels tyrans; & enfuite, parce qu'il
eft impoffible de prévoir jufqu'où peut aller le reffentiment d'un cœur honnête, qui, ayant épuifé
fans fruit toutes les reffources pour obtenir juftice, ferait excufable de fonger à fe la faire à lui-
même.

Ce n'eft ni de moi, ni pour moi, que je parle ici :
c'eft le principe général que je vous préfente, &
il eft digne d'être médité.

*Themiftocle* & *Coriolan* étaient des exilés fameux
par leurs fervices, que l'ingratitude réduifit à cette
cruelle extrémité. Sans fouiller dans les annales
d'*Athènes* & de *Rome*, je pourrais vous rappeller
le petit abbé de *Savoie*, forcé, par les mépris de vos
prédéceffeurs, à devenir le terrible prince *Eugène*,
& vous obferver qu'une grande naiffance n'eft pas
toujours néceffaire pour opérer ces métamorpho-
fes, comme il ne l'eft pas toujours à un homme
honnête, indignement outragé, de couvrir les

campagnes de sang & de morts pour signaler sa vengeance. Je pourrais, d'après notre histoire, vous prouver que dans tous les tems, & dans tous les genres, c'est le plus souvent par des mains *françaises* que les ennemis de la *France* l'ont humiliée; que c'est le despotisme de ses ministres qui a ainsi dénaturé, pour sa perte, les ressources qui devaient l'en garantir ; mais vous me feriez un crime de m'arrêter avec trop de complaisance sur ces citations ; mes ennemis s'efforceraient d'y trouver un orgueil capable de les justifier, & mon cœur me reprocherait de les avoir cherchées.

J'en ai, à cet égard, trop bien annoncé les sentimens ; il n'y a pas un de mes écrits, où mon attachement pour ma patrie ne perce à chaque page. Dans mon Journal, encore, dans ce Journal esclave, qu'une secte impérieuse maîtrisait, & que la saine politique, autant que la justice, vous ordonnait de soutenir, voici ce que j'ai dit à un *Anglais* qui semblait s'enorgueillir d'aimer son pays. *Il n'y point*, lui répondais-je, [*i*] *de galant homme, qui ne se fasse un devoir de penser ainsi : l'on peut avoir à se plaindre de sa patrie, on peut gémir des injustices que l'on y éprouve, des ingratitudes qu'elle tolère ; mais il n'est jamais permis de s'en détacher.*

[*i*] N°. XV. du 25 May 1776., pag. 144.

C'*est*

*C'eſt une mère ſujette à des abſences, & dont une larme, une careſſe font oublier tous les caprices.* Ce n'eſt pas là, ſans doute, le langage d'un rebelle, ou d'un homme diſpoſé à le devenir.

Je le répète, j'adore ma patrie ; je l'ai quittée, parce que ma perſonne était en danger, parce que les loix & la juſtice étant en ce moment ſans force, il n'était pas de la prudence de reſter expoſé à des excès qu'elles ne pouvaient réprimer. Voilà ce qui m'a déterminé à m'éloigner de la *France* ; mais je périrais mille fois plutôt que de haſarder un pas qui pût lui être préjudiciable.

Par tout pays, en tout tems, dans toutes les poſitions, je ſerai *Français* & *Français* fidèle. Mes malheurs, qui ne font que la ſuite de ceux de ma nation, m'en rendront l'idée plus chère : en déteſtant la tyrannie miniſtérielle qui la ſubjugue & l'avilit, je n'en célébrerai pas moins ſes vertus, ſa nobleſſe, ſa généroſité ; je n'en dirai pas moins hautement, que ſi elle n'eſt plus la première de l'Europe par le ſuccès, ce n'eſt ni elle, ni même la fortune qu'il en faut accuſer ; mais ce *Divan* corrompu, qui maîtriſe le trône & le rend inacceſſible aux pleurs des ſujets ; mais ce cahos de bureaux, où l'argent ſeul eſt en honneur, & la lâcheté ſeule favoriſée ; qui veulent que leurs chefs ſoient deſ-

D

potiques, afin d'être prévaricateurs impunément;
mais cette anarchie de corps de toute efpèce, qui
la déchirent & l'énervent; qui éternifent la con-
fufion en parlant toujours d'ordre, & exercent la
plus infupportable tyrannie, en ne ceffant de réclamer les règles.

Telle fera, monfieur, ma profeffion de foi chez
les étrangers; mais cette difpofition de mon cœur
excufe-t-elle votre imprudence? En êtes-vous
moins coupable de tout le mal que je pourrais
vouloir faire à la France, fi mon refpect, mon
idolâtrie pour elle n'avaient plus de force fur mon
cœur que le reffentiment? Vous m'avez réduit à
l'alternative de périr, ou de déchirer le fein de ma
mère. Vous croirez vous innocent, parce que je
préfère la mort au crime, & ma piété couvre-t-elle
votre injuftice?

Vous avez bien pu vous appercevoir que je ne
vous comprends pas, vous autres miniftres, dans
ma tendre vénération pour la patrie. Météores
paffagers & deftructeurs, qui l'accablez de vos ma-
lignes influences, je ne vous confonds point avec
elle. Plus les fujets vous doivent d'égard & de refpect, quand vous répondez dignement à la confiance dont vous honore le fouverain à qui la providence les a foumis, plus ils font en droit de don-

ner un libre cours à leur reffentiment, quand, ou-
bliant vos devoirs, pervertiffant l'emploi de la
puiffance facrée dont vous êtes les dépofitaires,
trahiffant à la fois les intentions du prince & dé-
daignant les larmes du faible, vous abufez, pour
perdre celui-ci, des reffources que vous avez reçues
pour le défendre. Tout devient licite aux victimes
de ce double attentat, pour fe procurer à elles-
mêmes, quand elles le peuvent, la fatisfaction que
des tribunaux énervés & des loix muettes leur
refufent.

Ici du moins, le nom de miniftre n'eft pas un
titre pour l'impunité. Les hommes qui le portent
frémiraient de penfer qu'on put les foupçonner de
vouloir être injuftes fans rifque. S'ils étaient capables de cet oubli de leurs devoirs, la loi conferve
encore la force de les leur rappeller. Ils reconnaif-
fent des juges : ils ne favent pas éluder l'examen
des tribunaux. Tout homme, infulté ou vexé par
eux, peut fe faire évaluer en argent, & tirer de leur
bourfe avec la main de la juftice, le nombre de gui-
nées auquel on voudra bien apprécier fon honneur outragé ou fa liberté ravie.

Je ne puis me procurer même cette indemnité
infuffifante, & mon cœur la dédaignerait quand
elle ferait en mon pouvoir. Mais la preffe peut

m'en affûrer une plus flatteufe, plus noble, plus complette en tout fens. Ce préfent, fait par le ha-fard au génie, comme je l'ai dit ailleurs, conferve dans cette ifle fa véritable deftination, oubliée ou pervertie chez tous les autres peuples, celle de faire éclater les gémiffemens de l'opprimé, de commen-cer le fupplice, & fouvent d'amener la chûte des prévaricateurs puiffans, que les loix n'ofent ou ne peuvent punir.

Ce n'eft pas que je vouluffe fouiller ma plume par des libelles, cette reffource honteufe n'eft pas faite pour un cœur que l'honneur feul maîtrife, & que la vérité feule enflamme; je n'en ai même pas befoin. Pour punir mes perfécuteurs, je n'ai qu'à les peindre : leurs portraits fuffifent à ma ven-geance, comme à ma juftification. La plus cruelle fatyre ne vaudrait pas leur véritable hiftoire.

Quel fpectacle, par exemple, que de voir l'un, miniftre à quinze ans, chaffé à trente, rappellé à quatre-vingt; ne donnant ainfi aux affaires que les deux époques de fa vie qui en font conftamment incapables; & finiffant, à fon dernier âge, par réu-nir la frivolité de l'enfance avec la moleffe, la nul-lité de la décrépitude (9)!

Et l'autre, connu du précédent, pour en avoir, dans les dernières années, égayé l'exil; défigné, d'après ce mérite , comme un homme fupérieur, à notre jeune & vertueux *Télémaque* , qui deman-dant à Dieu la fageſſe , & croyant l'avoir trouvée dans ſon *Mentor* , adoptait avec confiance tous ſes choix ; élevé, en conféquence , à la première place de la magiſtrature ; n'en eſtimant que les re-venus, & décidé à s'y maintenir , à quelque prix que ce ſoit, par une faibleſſe réfléchie plus honteuſe, & non moins redoutable , que le defpotiſme vin-dicatif de ſon prédéceſſeur , parce qu'elle ne laiſſe pas les mêmes reſſources , & qu'elle peut s'allier avec les mêmes excès (10).

Et vous mêmes , monſieur le comte , vous , perdu pendant trente ans dans la *mer noire* & dans *la baltique*, ne connaiſſant ni les cours, ni les hommes , ni les intérêts de *l'Europe* , où vous n'a-viez pas vécu, inveſti tout à coup d'un emploi plus difficile encore que brillant, & préſentant fu-bitement à *Verſailles* un miniſtre étranger , bien plus qu'un miniſtre des affaires étrangères (11).

Eſt-il étonnant que fous un pareil triumvirat, les loix ſoient ſans force, les tribunaux ſans pu-deur , l'innocence ſans reſſource , & les bonnes in-tentions du roi ſans effet ?

Et ne vous plaignez pas de la vérité de ces ta-bleaux. Songez par combien d'outrages, par com-

bien d'injuftices effuyées , par combien de pertes
en tout genre , fur-tout par combien de patience ;
j'ai acheté le droit de les mettre fous les yeux de
*l'Europe*. Songez que vous n'avez ni ménagé mon
honneur , ni refpecté mes propriétés ; que vous
avez dédaigné mes prières , & défendu aux tribunaux de les accueillir ; que depuis trois ans je demande en vain juftice à vos collégues ; que depuis
fix mois je l'attends inutilement de vous ; qu'encore une fois , des hommes en place capables de
violer de fang-froid les régles de l'équité, par haine
ou par complaifance , ne peuvent plus prétendre
aux ménagemens de l'infortuné qu'ils ont facrifié.
Ils font trop heureux quand celui-ci fe contente ,
pour toute vengeance , de les couvrir d'opprobre.

Quelle comparaifon y a-t-il alors entre le crime
& l'expiation ? Si *Calas* & le chevalier *de la Barre*
revenaient à la vie , n'eft ce donc qu'avec des cris
qu'ils auraient droit de pourfuivre leurs affaffins ?

Si le préjugé ne courbait les âmes de bonne heure
aux pieds des hommes puiffans ; fi la flatterie ne
nous accoutumait à voir en eux des efpèces de divi-
nités , contre qui le murmure , même quand ils
nous dévorent , eft un facrilége ; & que tout honnête homme , qui n'a pû les fléchir avec la vérité
fuppliante , prit le parti de les foudroyer avec la

vérité indignée, on ne verrait pas tant d'horreurs commiſes & impunies à l'abri d'un nom reſpecté. Ces coloſſes au cœur de fer, & aux pieds d'argile, trembleraient ſur les marches du trône, & n'oſe-raient plus en fouiller les avenues. Avant que de ſigner l'ordre qui doit perdre un innocent, ils ſon-geraient à ce qui peut leur en couter: les cours n'en ſeraient peut-être pas moins corrompues, mais les peuples en ſeraient moins vexés.

Voilà, monſieur le comte, ce que j'avois à vous dire, & des vérités qu'il était bon de développer, au moins une fois. Ce n'eſt pas à moi, je le ſens bien, qu'elles ſeront utiles: il eſt de ma deſtinée de me ſacrifier pour les autres & de faire le bien, ſans en tirer d'autre ſatisfaction que celle de l'a-voir fait. Mais celle là même eſt quelque choſe: je me croirai preſque indemniſé de tous mes mal-heurs, ſi ces réflexions peuvent vous rendre plus circonſpect à l'avenir, & ſauver à un ſeul innocent les indignités qui les ont occaſionnées.

Rendu déſormais à moi même, aux lettres, à la vraie philoſophie, je vais m'attacher à les culti-ver en paix, dans une isle où l'on dit que cette étude n'eſt pas un crime. Je vais travailler à juſti-fier les regrets des âmes honnètes, des bons ci-toyens qui ont daigné honorer ma retraite de leurs

larmes. Deux objets fur-tout m'occuperont effen-
tiellement.

La première fera cette collection de mes ouvrages , fi redoutée de mes ennemis , fi lâchement
arrêtée jufquici. Collection que je reverrai avec
tout le foin dont je fuis capable , & qui ne fera
point dédiée à Mr. le duc *d'Aiguillon* [ *k* ]. Je con-
fens à être jugé d'après ce monument dont la franchife & la liberté vont orner les avenues de mon
tombeau.

Le fecond objet auquel je vais m'appliquer , c'eft
la continuation du Journal dont vous m'avez dé-
pouillé , ou plutôt l'exécution du plan que j'avais
formé , pour rendre utile & honorable ce genre
de littérature , aujourd'hui dégradé , flétri dans
tous les fens ; plan dont il ne m'a pas été permis
de remplir à *Paris* la moindre partie : j'en ferai
des *annales civiles* , *politiques & littéraires* , dont
rien ne fera exclus que la fatire & la flatterie. J'y
ouvrirai , dans tous les genres , un afile habituel
à la vérité fugitive , ainfi que moi. Je continuerai
par là à fervir les hommes. N'étant plus le patron
des particuliers, je deviendrai celui des peuples : au
moins leurs droits , fous ma plume , ne feront jamais facrifiés, ni leurs intérêts compromis ; & peut-
être avec le tems feront-ils éclaircis.

[*k*] Voyez ci-après la Note 10.

Je m'attends bien que vous n'en permettrez point l'entrée en *France*. La nation, pour laquelle fpécialement il eft fait, & dont je tâcherai qu'il ignore l'idiôme, fera précifément celle à qui la lecture en fera interdite. J'en gémirai, parce que mon objet étant, fur tout, de me rendre utile à mes compatriotes, mes vœux de ce côté-là fe trouveront déçus; mais auffi, par cette nouvelle violence, vous autoriferez une réflexion qui n'échappera à perfonne: c'eft que cet ouvrage étant uniquement confacré à la vérité, vos efforts pour écarter l'un prouveront de plus en plus combien l'autre vous eft odieufe & redoutable.

*Signé*, LINGUET.

# F I N.

# NOTES.

(1) JE fuis bien loin de me comparer à *Cicéron*: il y a
long-tems que je l'ai obfervé dans un plaidoyer imprimé [*]. Je n'ai avec lui que la trifte reffemblance du malheur ; mais l'ingratitude du duc d'*Aiguillon* envers moi,
eft encore plus honteufe que celle qui coûta la vie au
prince des orateurs. C'eft pour fe difpenfer de s'acquit-
ter, & non pour plaire à des protecteurs, que le comman-
dant de *Bretagne* s'eft porté à me perdre. Devenu d'a-
bord méconnaiffant par avarice, & enfuite furieux par le
reffentiment de s'être vu pénétré, c'eft à enfevelir les
preuves de fa faute, & non pas à la réparer, qu'il a tra-
vaillé. Sauver fon argent en écrafant un créancier trop
fier, voilà tout ce qui a occupé fon efprit: ce qui donne
à fon procédé une teinte que n'a point celui de fon
modèle.

Au refte, comme il faut toujours répéter les chofes,
que les vérités les plus conftantes font celles qui s'obf-
curciffent le plus aifément, que Mr. le duc d'*Aiguillon*
prétend être quitte envers moi, qu'il a ofé faire débiter
qu'il m'avait donné *cent mille livres* en argent comptant,
avec l'agrément d'une grande charge dans la maifon d'un
de nos princes ; il faut configner ici de nouveau, ce que

[*] On le trouvera dans le quinzième volume de ma collection.

j'ai déja bien établi dans les lettres jointes à ma requête.
Il faut préfenter le paralelle du travail & des honoraires.

Je lui ai facrifié dix-huit mois entiers. J'ai fait pour lui
trois énormes ouvrages imprimés, fans compter une infi-
nité de morceaux fecrets, que fes inquiétudes ou fa pofi-
tion exigeaient. J'ai bravé, pour lui, une partie de l'*Europe*; je me fuis fait, pour lui, les plus violens ennemis;
j'ai perdu, pour lui, ma fortune, mon état; &, s'il n'avait
pas été ingrat, mon honneur, à bien des yeux, ferait peut-
être compromis par fa défenfe.

J'ai reçu de lui, en quatre fois, *quatre cent louis*, cent
à chaque envoi, avec l'agrément d'une charge de 4000
livres de finance que je lui ai renvoyée, & que j'ai depuis
vendue 7000 livres, quand j'ai vu qu'il ne voulait où n'o-
fait pas la reprendre.

Ce dernier article étant un bienfait du roi, je pourrais
me difpenfer d'en tenir compte au fujet qui n'en a été que
le folliciteur ; mais en rejettant ce calcul qui ferait pour-
tant celui de la délicateffe plus que de l'avidité, mes travaux pour le duc d'*Aiguillon* m'ont donc valu 16,600 livres; il m'en a coûté plus du quart de cette fomme pour
les copiftes que fon accablante affaire m'a forcé d'employer.

(2) Mr, de *Mallesherbes*, dans fon difcours à l'académie, le 16 Février 1775.; miniftre infiniment refpectable,
digne des regrets de tous les bons citoyens qui avaient
applaudi avec tant de joie à fon élévation ; on n'avait
point encore vu, jufqu'à lui, de miniftre abandonner vo-
lontairement fa place, par la douleur de n'y pouvoir faire
le bien.

(3) J'eſtime trop les *Anglais* pour leur diſſimuler que j'ai écrit, & même très-fortement, contre ce qu'ils appellent leur *liberté* ; ou pour chercher à m'en excuſer. D'abord, ſi cette liberté exiſte, comme ils le croient ; ſi, comme ils le diſent, elle devient commune aux étrangers qui les viſitent, la nier à Londres, ce ſerait la prouver. Il ſerait difficile d'y croire, ſi en débarquant ſur la côte, on en recevait l'ordre.

Enſuite, que ce mot ſi célèbre ſignifie au-delà de la *Manche* un fantôme ou une réalité, il n'y a rien à en conclure pour ou contre une nation. Les circonſtances faiſant tout en politique ; l'eſclavage ou l'indépendance n'étant jamais au choix des peuples ; les hommes en ſociété n'étant, par le fait, que des troupeaux que la fortune livre à des bouchers ſanguinaires ou à des larrons adroits, il ſerait très-injuſte d'évaluer les individus qui compoſent ce qu'on appelle un *Etat*, d'après le gouvernement qui le régit. Une nation peut être très reſpectable ſous une adminiſtration tyrannique, & très vile avec une conſtitution républicaine. L'*Eſpagne* & *Veniſe* offrent un exemple frappant & ſubſiſtant de cette étrange vérité. Ce qui fixe le ſort des colonies dans chaque contrée, c'eſt d'avoir des tyrans plus ou moins fortunés, des uſurpateurs plus ou moins adroits. Placez Henri VIII. à Rome au lieu de *Tarquin*, *Carthage* n'aurait jamais eu de rivale ; *Brutus* ſerait mort ſous ſon maſque, & *Lucrèce* ſans vengeance.

Il n'y a donc point d'homme qui doive ſe trouver humilié d'entendre ſoutenir que les loix de ſon pays ſont mauvaiſes, & que le deſpotiſme le déſole : j'aurais pu le penfer, & le dire à des *Anglais*, fans mériter leur reffentiment.

Mais au refte, me voici chez eux, dans le deffein bien formé d'examiner à fond & avec la plus pure impartialité, la conftitution *anglaife* dans tous fes détails. Si la vérification me conduit à des conféquences oppofées à celles que j'ai tirées de l'hiftoire & des récits des voyageurs, je le publierai avec le plus grand plaifir. Je ne ferai point mortifié d'avouer mon erreur, & mon cœur réparera avec bien de l'empreffement la méprife de mon efprit; mais dans le cas contraire, je me réferve la même liberté; j'aurai foin feulement de publier mes raifons.

(4) Si, par exemple, dès que Mr. le duc d'*Aiguillon* a violé le fecret de mes lettres particulières,& qu'il les a dénoncées aux *avocats*, en leur difant, „ elles vous fourniront des prétextes pour le perdre „ : je les avais manifeftées & imprimées fur le champ, il aurait été impoffible qu'elles ne produififfent pas une révolution dans les efprits en ma faveur ; mais j'ai temporifé, j'ai écouté la délicateffe qui n'arrêtait pas mes ennemis : j'ai laiffé circuler les bruits qui m'imputaient de mauvais procédés , & les verfions odieufes & fauffes que l'on diftribuait fous terre de mes lettres ; je me fuis borné pendant trois ans à dire aux tribunaux, „ fi ces pièces font mon crime, or„ donnez donc qu'elles foient produites juridiquement „ par mes ennemis ou par moi.

Le duc d'*Aiguillon* a mieux employé le tems; juges, miniftres, public, il a tout prévenu; & ce qui en a réfulté, c'eft que quand enfin les pièces qu'il redoutait ont paru, l'effet qu'elles ont produit, n'était pas celui dont j'étais le plus jaloux. Ses ennemis y ont bien faifi ce qui pouvait lui nuire; mais les miens ont empêché qu'on ne s'affectât de ce qui me juftifiait. Le feul avantage que j'en aie tiré jufqu'ici, c'eft la fatisfaction, cruelle pour mon cœur, d'humilier un homme qui m'a été cher, qui le ferait encore, s'il n'avait été qu'infenfible, & qu'à l'oubli de mes fervices, il n'eut pas joint le trifte courage de contribuer à ma perte.

(5) Obfervez lacomplication de lâchetés réunies dans cette affaire; c'eft une compagnie littéraire qui exige que le *feu* & l'*eau* foient interdits à un citoyen fincère, pour le punir de l'avoir avertie d'être plus jaloufe de fa gloire, & qui répond à des vérités littéraires, par une profcription civile; c'eft un membre de la première cour de juftice du royaume, avec un des juges fuprêmes du point d'honneur, qui fe charge de la négociation de cette iniquité; c'eft un miniftre, auquel nos ufages & nos loix ne laiffent aucune efpèce d'autorité dans l'intérieur de la *France* (*), qui fe charge de la confommer; enfin c'eft l'homme dont les intérêts y ont fervi de prétexte, qui en recueille les fruits. Mr. le *Maréchal*, Mr. le *Duc*, Mr. le *Comte*, Mrs. les *Quarante*, convenez que cela n'eft pas noble.

(6) D'après ce que je viens de dire, on peut voir que je ne fuis pas en contradiction avec ce que j'ai imprimé dans les notes fur la *théorie du libelle* (**). J'y difais que

[*] Voici à ce fujet le N°. XII.
[**] On trouvera cet ouvrage dans le quinzième volume de la collection.

*je ne ferais ni au gouvernement l'affront, ni aux magiſ-*
*trats l'injuſtice de croire qu'un citoyen irréprochable ait*
*beſoin d'un autre aſile que ſa patrie ;* ce qui s'eſt paſſé
depuis a trop prouvé qu'on pouvait le croire, ſans faire
ni injuſtice aux magiſtrats, ni affront, au moins à une partie du miniſtère *français* actuel : or les miniſtres étant
comme les *fées*, ne ſachant jamais détruire l'ouvrage les
uns des autres ; les bons ſe contentant de ne pas nuire,
& n'ayant jamais le courage de ſécourir les malheureux
que font les mauvais, la prudence m'ordonnait de me
mettre hors de la portée de ceux-ci.

(7) Voyez ſon diſcours & l'article du N°. XXI. du
Journal dont il s'agit. Quel eſt le fruit que le récipiendaire de Mr. de *Vergennes* promet aux gens de lettres,
admis à *converſer habituellement*, dit-il, avec les Grands?
Ce ſera d'*apprendre à diſtinguer la bonne plaiſanterie*, &
cela, *parce que le rire*, ajoute-t-il, *ainſi que le gout tient*
*à bien peu de choſe.*

(8) J'ai eu l'avantage rare d'être auſſi maltraité par le
parlement rétabli, que par le parlement évaporé. On
verra la cauſe de la haine de celui-ci dans l'hiſtoire du
procès du comte de *Morangiés*, qui fera, comme je l'ai
dit, le cinquième volume de la collection de mes ouvrages : au fonds, elle ne manquait pas de prétextes capables de l'excuſer, ſi le regret de ſe voir dans l'impoſſibi-
lité de ne pas rendre juſtice, peut autoriſer des juges à
déchirer la main qui les force ainſi de remplir leurs devoirs. Mais la conduite du tribunal réintégré, à mon

égard, eft le fruit d'une politique plus profonde; ma perte eft le gage de la confédération renouvellée & jurée entre cette compagnie & celle des *avocats*.

Ceux-ci font vraiment la reffource de ces auguftes ma-giftrats, quand, réuniffant la trahifon envers le peuple à la défobéiffance pour leur roi, ils fufpendent, tou-jours pour des fujets frivoles, ou des intéréts perfonnels, leurs fonctions publiques, & fubjuguent le trône par la crainte d'un défordre plus effrayant encore que leur ré-bellion. Si le palais fubalterne fe détachait d'eux dans ces circonftances, leur défection deviendrait une chofe abfolument indifférente, & le public profiterait de l'hu-miliation de ces tyrans en robe. C'eft ce que l'on a vu dans la dernière révolution; l'obéiffance des *avocats* avait confommé la ruine des *parlements*, dont on n'a-vait plus befoin; ils étaient perdus fans reffource, fi des intrigues fecrettes, & des intéréts cachés, fi le défir qu'a-vait le comte de *Maurepas*, d'une part, de fe faire tout d'un coup un parti puiffant, & de l'autre, de fe venger fur la mémoire du feu roi, d'un exil de 40 ans, ne les avaient fait rappeller.

A fon retour, le parlement du *Paris* a fenti combien il lui était effentiel tout à la fois de gagner les *avocats* par un facrifice auquel ils attachaffent une grande im-portance, & d'effrayer par un grand exemple quiconque, portant fa livrée, oferait à l'avenir balancer entre lui & le roi, & préférer fes devoirs à une complaifance rui-neufe & fervile pour les caprices d'une compagnie def-potique.

La fureur des *avocats* m'ayant défigné comme celui

de

de tous leurs rivaux à qui ils faifaient l'honneur de le haïr le plus violemment, j'ai été la victime choifie pour fceller cet important traité.

Auffi eft-ce une chofe remarquable que tous les projets de profcription qui avaient d'abord été annoncés au palais, fe font évanouis dès que la mienne a été confommée. La révolution n'a couté l'état qu'à moi feul; à peine mon fang, comme celui d'*Iphigénie*, à rougi la terre, que les vents fe font calmés.

(9) Il eft effentiel pour moi que les chefs de mes ennemis foient connus, & leurs caractères bien développés. Si l'on pouvait les croire des hommes fermes & équitables, le préjugé ferait contre moi, qui leur reproche des complaifances odieufes, & des injuftices réfléchies. Or, voici des faits propres à fixer l'opinion du public.

A l'inftant où les trames de Mr. le duc *d'Aiguillon*, pour me perdre, ont commencé à m'être connues, c'eft à Mr. le comte de *Maurepas* que je me fuis adreffé pour m'en plaindre. J'ai envoyé à l'oncle copie des lettres que j'écrivais au neveu, en marquant le plus vif défir d'éviter un éclat. Mr. le comte de *Maurepas* m'a répondu par écrit (j'ai fa lettre) qu'il défirait des éclairciffemens. Après les avoir reçus, il m'a renvoyé à Mr. le *Garde des Sceaux*, qu'il avait, difait-il, chargé de cette affaire : je rendrai compte de cette négociation dans la note fuivante.

Ce moment paffé, je n'ai plus reçu de Mr. le comte de *Maurepas*, que des outrages, & des preuves d'une

E

mauvaife volonté, qui ne cherchait pas même de prétextes, ni de voiles. En qualité de miniftre, il était membre du confeil *des dépéches* où pendait alors ma requête
en *caffation* : je le *follicitais*, fuivant l'ufage qui con-
damne les parties en *France*, à ramper dans l'anticham-
bre des juges, pour les fupplier de n'être pas injuftes. Un
mépris injurieux dans les audiences publiques, des em-
portemens effrayans dans le particulier, font l'accueil
que j'ai toujours effuyé.

Le 5. Octobre 1775, entr'autres, après des détails qui
ont eu des témoins, mais qui font trop incroyables pour
être cités ; Mr. le comte de *Maurepas* m'a fait des dé-
fenfes précifes de joindre à ma requête en caffation les
lettres au duc *d'Aiguillon*, fur lefquelles les *avocats*, le
*miniftère public*, le *parlement* m'avaient condamné, fans
les avoir vues ; je tâchais de combattre cette prohibition
par des raifon convaincantes. Mr. le comte de *Maurepas*
m'interrompit avec un gefte fignificatif, & me dit ces
propres mots, qui ne fortiront pas plus de ma mémoire
que fon attitude, *vous voulez donc les produire ? eh bien,
vous favez ce qui vous eft arrivé au parlement : vous ver-
rès ce qui vous arrivera au confeil.* Qu'on apprécie ces
mots dans la bouche d'un juge, premier miniftre, adref-
fés à un particulier, à qui fes ennemis n'ont laiffé d'autre bien & d'autre arme, que la liberté.

Il ne m'eft rien arrivé de ce qu'ils préfageaient, parce
que j'ai été fur le champ porter aux pieds *du roi*, ma
jufte appréhenfion, & réclamer fa juftice, en lui remet-
tant à lui même [*] la copie de ces pièces qu'on cher-

[*] Le 8. Octobre 1775, à Choifi.

chait avec.tant de fureur à enſévelir. Son cœur honnête
a défendu l'injuſtice, qui ferait commife par violénce;
mais ſa délicateſſe ne lui ayant pas permis de ſoupçonner
qu'il pût être néceſſaire de défendre aux tribunaux de ſe
laiſſer corrompre, ou ſubjuguer, on a opéré avec des
arrêts ce qu'on n'oſait plus faire avec des lettres de cachet. Par tout, en tout, j'ai trouvé Mr. le comte de *Mau-*
*repas* acharné à me fuivre. Les miniſtres, comme les
magiſtrats, ont voué à ſa haine une complaiſance ſer-
vile, dont l'iniquité du 2 Août a été le dernier fruit.

J'avoue que cet acharnement ſuppoſe de la vigueur;
& qu'il n'eſt point, par conféquent, dans le caractère de
Mr. le comte de *Maurepas*. Auſſi, ne le puis-je attribuer
qu'à un effort momentané, à une impreſſion étrangère,
quoique domeſtique. On ſait aſſez qu'il lui arrive aſſez
ſouvent de n'être premier miniſtre que de nom. Les plans
& la bile lui arrivent *d'Aiguillon* par couriers. Voilà ce
qui rend cette âme douce & gaie, fuſceptible par inter-
valles de toutes les convulſions d'une âme ſombre & vin-
dicative.

(10) Mr. de *Miromeſnil* a abufé de ſa place pour étouffer mes repréſentations, pour m'enlever les moyens d'armer la Juſtice; pour faciliter à mes ennemis ceux de me
dépouiller de mon état, de ma fortune, de mon honneur,
autant qu'ils l'ont pû.

Cet abus ferait à peine croyable, même de la part
d'un militaire, vieilli dans le deſpotiſme de ſa profeſſion,
accoutumé à croire qu'il n'y a pas d'autres principes dans
le monde que le commandement & l'obéiſſance. Mais

qu'eſt-il de la part d'un homme de robe, chargé ſpécia-
lement du dépôt des loix, conſtitué leur gardien, nommé par le prince pour répondre aux peuples de leur ob-
ſervation, & choiſi pour être le guide comme le modèle des tribunaux ?

Je n'en citerai qu'un exemple dont la preuve eſt bien
conſtante, puiſqu'elle eſt juridique & imprimée.

Quand je me ſuis préſenté au *conſeil*, une loi préciſe &
ſolemnelle permettait l'impreſſion des *requêtes en caſſa-
tion*. J'ai voulu faire uſage de cette reſſource : des ordres ſecrets de Mr. *le Garde des Sceaux*, adreſſés à mon
avocat & aux imprimeurs, m'en ont long-tems ôté le
pouvoir. Enſuite, voyant que je réclamais l'exécution
de la loi, il l'a changée : il l'a fait rétracter par un arrêt
du conſeil bien authentique, d'après lequel il a été facile
d'étouffer ma requête ſans bruit. Or, cette prévarication
eſt la plus odieuſe que puiſſe commettre un magiſtrat.

Celui qui mépriſe la loi, qui l'interprète mal, ou qui
la viole, ſe ſouille à la vérité d'un grand crime : mais
enfin l'influence s'en borne au cas particulier, où il a
manqué à ſon devoir. La loi qu'il a enfreinte, & qui
ſubſiſte, eſt un témoin toujours prêt à dépoſer contre ſa
corruption, & une reſſource pour l'infortuné qu'il a ſa-
crifié. Mais celui qui l'éteint quand elle le gêne, ou qui
la dénaturant au gré de ſes intérêts, la force de défendre
ce qui était permis, afin de parvenir plus aiſément à
faire paſſer pour criminel ce qui était innocent, ébranle
les fondemens de la ſociété. Qu'y aura-t-il de certain, ſi
la loi ne l'eſt pas ? Quelles ſeront les bornes de la corruption des juges, ſi le légiſlateur en devient le complice,
l'organe & l'inſtrument ?

Voilà la métamorphofe dont Mr. de *Miromefnil* s'eft rendu coupable à mon fujet : & ce qu'il y a de plus étonnant, c'eft que ce qui l'a déterminé contre moi, c'eft peut-être encore moins fon afferviffement aux volontés de Mr. le comte de *Maurepas* , qu'un petit reffentiment perfonnel : ce qui l'a rendu fi injufte à mon égard, c'eft le refus honorable que j'ai fait d'une propofition qu'il me preffait d'accepter.

Mr. le comte de *Maurepas* , comme je l'ai dit dans la note précédente , lui avait renvoié la médiation entre Mr. le duc *d'Aiguillon* & moi. Le magiftrat m'avait joué pendant trois ans , avec l'aifance que donnent à un homme en place l'habitude de tromper , & la facilité d'interrompre, quand il lui plait, les conférences qui l'embarraffent.

Dans le même-tems je follicitais la permiffion de donner une collection complette de mes ouvrages , entreprife néceffaire à ma fortune, peut-être , & certainement à ma réputation. Je n'avais jamais pu l'obtenir de Mr. le chancelier de *Maupeou* , qui regardait & redoutait , difait-il, mes livres *comme une école du defpotifme :* car il faut que dans toutes les injuftices que j'effuie , le ridicule fe mêle à la fingularité.

Au moment de la reftauration, je me flattais de ne plus trouver d'obftacles. Malheureufement cette demande avait concouru avec la négociation du duc *d'Aiguillon.* Mr. de *Miromefnil* imagina de faire fervir l'une au fuccès de l'autre ; après trois mois d'attente & d'impatience, il me propofa un jour 2000 livres de rente viagère, & la permiffion la plus ample de donner mon recueil ; mais à une condition; c'était de mettre à la tête une dédicace flatteufe à Mr. le duc d'*Aiguillon*, où je déclarerais » *que je ne lui devais que de la reconnaiſſance.*"

Je ne m'attendais pas à cet expédient. Je ne fus pas affez adroit pour diffimuler ma furprife & mon horreur. Mr. de *Miromeſnil* ne me l'a jamais pardonné : c'eſt de ce moment que mes ennemis ont eu tant d'avantage dans les tribunaux dont il eſt, par fa place, le modérateur fuprême; c'eſt de ce moment qu'il a changé juſqu'aux loix pour les fervir. C'eſt de ce moment que la littérature m'a été fermée plus féverement encore que le palais; & qu'il ne m'a plus été permis d'imprimer une feule ligne, tandis qu'on prodiguait les encouragemens & les facilités à des libelles, tels que la *théorie du paradoxe*, *&c.*

La dérifion a été pouffée au point que ce magiſtrat, vaincu en apparence par mes importunités, m'a enfin nommé un *cenſeur* pour la *théorie des loix*. Ce cenſeur l'a approuvée. Sur l'approbation, je l'ai fait imprimer à mes dépens. Il m'en a couté cent Louis; & au moment où l'on finiſſait la dernière feuille, eſt arrivé un ordre de fufpendre l'édition, fans qu'il m'ait été poſſible d'obtenir aucune efpèce d'éclairciſſement fur le prétexte ou la caufe de cet interdit qui dure encore.

Lecteurs impartiaux, prononcez entre Mr. de *Miromeſnil* & moi.

(11) Sur l'article de Mr. de *Vergennes*, je ne crains pas plus d'être démenti par les connaiſſeurs que fur celui de fes deux confréres. Mais je dois également juſtifier la franchife avec laquelle j'en parle, par de mauvais trai-

temens bien prouvés, qui affûrent mon droit au privi-
lége de le démafquer. Or, je crois ce droit bien établi
par tout le corps de ma lettre ; & il reçoit une nouvelle
force d'une confidération que je n'ai fait que montrer ;
c'eft celle de la jurifdiction que s'eft arrogé Mr. de *Ver-*
*gennes* au mépris de nos loix & de nos ufages, pour me
priver de ma propriété.

Parmi nous, non feulement tous les miniftres, en général, ne prennent rien fur eux en apparence ; c'eft toujours au *nom du roi* qu'ils commettent même leurs iniquités ; & Mr. de *Vergennes* a négligé jufqu'à cette formalité peu gênante ; mais le miniftre des affaires étrangères n'a aucune efpèce de miffion dans le royaume, fon
influence expire fur la frontière : ce qui rend l'ufurpa-
tion du comte de *Vergennes* à mon égard, moins par-
donnable.

Si ce miniftre avait mieux connu les régles de la juftice, il ne m'aurait pas puni d'un délit qui n'exiftait pas.
S'il avait été moins ignorant de nos mœurs, fi fa complaifance pour Mr. le comte de *Maurepas* & le defpotifme
académique, avait été à fes yeux un befoin moins pref-
fant, il n'aurait pas employé, pour me frapper, une
arme qu'il lui était défendu même de manier.

Tel a donc été mon fort jufqu'à la fin, depuis l'inftant
où il y a eu quelque chofe de commun entre Mr. le
duc *d'Aiguillon* & moi. Tout s'eft dénaturé pour me
nuire. Les loix qui m'auraient protégé, on les a détrui-
tes. Les ufages, qui auraient rallenti les violences dont
j'étais l'objet, on les a méprifés. Les tribunaux, qui auraient du m'offrir un afile, on les a enchaînés, ou fé-

duits. Jurisconsultes, magistrats, ministres, tous ont oublié leurs devoirs, prostitué leur honneur, étouffé le cri de leur conscience ; & tout cela, pour perdre un homme, un seul homme, un homme innocent, un homme à qui l'on ne peut reprocher que des services trop ardemment rendus, & une sensibilité trop vive, dit-on, contre des calomnies. Car il ne faut pas perdre de vue ce fait bien constaté, que mes ennemis, furieux de se trouver sans cesse confondus, de voir éternellement se dissiper, à la moindre discussion, les frivoles griefs dont leur rage essayait de faire ressource, se sont enfin réduits à dire, que *si je n'étais pas coupable avant l'accusation, je le devenais toujours au moins par la manière de m'en défendre.*

F I N.

www.ingramcontent.com/pod-product-compliance
Lightning Source LLC
LaVergne TN
LVHW022015080426
835513LV00009B/741